人生一〇〇年コースを生きる

藤井治枝 *Harue Fujii*

あさ出版パートナーズ

月に一度、先生の指導を受けて「フラワーデザイン」の教室が開かれています。季節に合った同じ花材が用意されますが、作品はそれぞれ個性的なものになり、各自の部屋の入口を飾ります。

はじめに

日本では、敗戦後様々な分野で多くの変化が現れましたが、中でも大きかったのが、「家族制度」の崩壊でしょう。

特に高度経済成長期に就業者の七割がサラリーマン化すると、それまで日本社会の土台となっていた三世代同居の拡大家族が減少し、夫婦と子供の核家族が大勢を占めるようになりました。同時に農業の比重も小さくなり、農村地帯から都市へ多数の若者が流入し、親世帯から独立した夫婦二人の核家族を出発させました。これらの家庭では、夫一人の収入で、家族を養うケースが多かったので、自ずと子供の数も制約され、二人ぐらいが標準となりました。

例えば一人の男性で考えてみると、生まれた土地で育ち、父の残した農地を受けつぎ、近隣の娘と結婚して、老父母と共に暮らし、老いた父母をみとって送り、やがて自分も息子の嫁にみとられて終局を迎える。その間、孫たちとの生活も楽しめる……、このような日本の老後が、今や都市部を中心に成り立ちにくくなっています。

サラリーマン生活に一生を費やした夫たちは、家事労働から育児・老人介護まで、その役割をすべて妻に依存して、専ら企業の働き手として暮らして来たので、妻を失い一人残されると、身の回りのことをする手段を失ってしまいます。

一方、妻は夫を失えば、経済的基盤をなくし、子供にたよらざるを得なくなります。多くの専業主婦が加入している国民年金では、とても老後生活を支え切れません。

身の回りのことをする手段を失う夫と、経済的基盤をなくした妻。共に、恵まれた老後生活は期待できません。

そこで、経済的にゆとりのある世帯では、嫁の労働生活を保証するためにも、義理の父母の介護労働を肩替わりしてくれる施設を求めることになります。

今ある各種の老人施設の中で、高額な入居金と月々の必要経費の負担が可能な場合は、ホテル風の「有料老人ホーム」への入居が選択されるケースが増えつつあります。

従って、このような施設の入居者は、女性では、中間層以上の家庭の専業主婦。男性は、大企業や公務員の管理職・医師・弁護士・大学教師・ジャーナリスト等の前歴を持つ人が、多数を占めているようです。

入居者の約八割が女性なのは、現在でも、女性は、つれそう夫の終局までみとることが期待されているからでしょう。

従って女性入居者のほとんどは夫を失っていますが、男性は、妻を伴って入居する人もいます（但し、一人で入居する男性のほとんどは妻をなくしています）。

このように老後を施設で過ごす人が、多分これからも増加していくでしょう。

一昔前にくらべて、女性の職業進出は進んでいます。少子化で子供の数は少なくなり、一方、老人の寿命は更に延び、一〇〇年コースが夢ではなくなりつつあります。

長びく老後から終局への道を豊かでなだらかにするには、何が必要なのか。その一つの手段として、増加を続ける「有料老人ホーム」のありようを、ここに生活体験した私の日常を素材として考えてみたいと思います。

併せて、九〇歳代まで辿りついた私の人生コースを振り返ってみようと考えました。

老人問題のエキスパートであり医師でもある和田秀樹先生は、その著書の中で、一〇〇歳以上の高齢者数の推移を一九六三年には男性二〇人、女性一三三人でしかなかったのが、五八年後の二〇二一年では、男性一〇、〇六〇人、女性七六、四五〇人に激増していることを、厚生労働省の資料から明らかにされています。(1)

そして更にこの年齢まで健康的に生き「とても幸せになる人」と反面「とても不幸になる人」に分かれることを、具体的に指摘されています。この著書は人生一〇〇年コースを辿るには、様々なプロセスがあることを教えてくれます。「人生一〇〇年コース」の実現が夢でなくなりつつある現在、その実現への道筋は、長い年月の積み重ねです。

その記録が、少しでも後に続く人々の役に立てばと、私のささやかな人生コースを振り返り、反省もこめて、このレポートを世に問うてみたいと思いました。

（1）和田秀樹監修『70歳、80歳でとても幸せになる人、不幸になる人』（メディアアックス）

人生一〇〇年コースを生きる　【目次】

第三章

有料老人ホームの日々（人生コースの最終地点）

第一章

生いたち

私は一九二九年生まれ、今年（二〇二三年）の五月で九四歳になりました。世界的大恐慌の年に生まれ、日中戦争・太平洋戦争を体験した世代です。

東京の山の手で生まれ、六歳の時に父の仕事の都合で鎌倉に移り、それから実に七〇歳代まで湘南の逗子、鎌倉で過ごしました。

今でも、一番なつかしい土地は鎌倉です。

戦前の鎌倉は別荘地で、東京から横須賀線で丁度一時間でしたから、東京の大企業のオーナーや当時は存続していた華族（公・侯・伯・子・男の爵位を持つ人たち）、作家、音楽家、俳優等の有名人が、多数別荘をかまえていました。

由比ヶ浜と白砂でつながる松林の中に、おしゃれなホテル（鎌倉海浜《かいひん》ホテル）があり、週末のダンスパーティーやクリスマス・正月のイベントを、華やかにくりひろげていました。

父は医者で、産婦人科病院のオーナーでもあったので、由比ヶ浜から歩いて一五分ぐらいの住宅地の中に二〇〇坪の土地を求め、一〇床ほどの病院を建てていました。

昭和の初め頃は、未だ人件費の安い時代だったので、父の病院では、常時婦長を頂点とする看護婦が五、六人、人力車夫一人、料理長の下に料理人三人、すべての家事労働を受け持つお手伝いが三人、それに副院長や事務長を加えると、一五人ぐらいの人をやとっていました。

家庭での出産が多かった当時、病院で出産する人は殆どが中間層以上の人で、長い人は産後二週間も入院していたため、毎日三食を用意する台所の係は大変でした。

産後食欲の盛んな人たちを満足させるために、日々の献立を受け持っていた母は、横浜まで料理を習いに通っていました。御七夜には「鯛の尾頭つき」を用意する等、医療の他にも配慮が必要でした。

父も一日中忙しく、夜半も度々起こされて往診に出ていました。

そんな状況で、両親は私たちの世話ができませんでしたが、週に一回東京からピアノの教師を招き、家庭学習は家庭教師をつけてくれていたので、私は何の不自由も感じませんでした。

兄弟は、上に一三歳も年長の兄と、下に一歳違いの弟がいて、私は真中の一人娘でした。

私の生まれる二年ぐらい前に、両親は、八歳の娘を当時流行した悪性の風邪でなくしていました。器量良しで、利発な娘だったそうで、母は一年も寝こんでしまったと聞いています。

私は、その翌年に生まれた女の子でしたから、とても大切にされました。

特に父は、一度も叱ることなく、何でも聞いてくれる有難い存在でした。

私をはさんだ二人の男の子は実に対象的で、兄は幼少の頃から「頭の良い子」だと言われ、開成中学・旧制浦和高校を経て父と同じ東大の医学部に入学、卒業後は、これも父と同じ産科婦人科の医局に入り、三九歳で国立大附属の病院長になったぐらい、出世の早い人でした。

父の病院は人にゆずり、自分は大学病院長を歴任して、WHOの役員も務め、世界中を飛び回って九六歳まで長生きしました。

一方、弟は九ヶ月生まれの早産のためか、生まれつき身体の弱い子で、兄と比較されるのがかわいそうでした。


こんな家庭で、私は一六歳までのびのびと育っていきました。

私にふりかかった初めてのアクシデントは、父が肺炎で急死したことです。

当時、父の患者さんに二人も重態な人がいて、どうしても手術が必要だったのです。

父は四〇度の高熱をおして、二人の妊婦さんと二人の赤子の命を救い、引きかえに自分の命を失ってしまったのです。「医は仁術」と信じていた父です。

葬儀の日、家の前の通りを埋めるように、沢山の人が集まりました。

父の病院で生まれた子供をつれて加わった女性も多くて、賑やかに父は見送られました。

その夜、私は自分の立場が一八〇度変わったことに気付きました。

今までは、父の病院をつぐ医者と結婚し、ずっと親と一緒に暮らせると思っていたのですが、もう明るい未来は人だのみにはできない、独りで生きて行ける職業につき、独立した生活を築きたいと思いました。

その頃、女性が独立できる職業といえば、医者・弁護士・大学教師ぐらいしかなかったのです。

そこで私が目指したのは、大学教師になることでした。

何の専門を選ぶか、それはすぐに決まりました。

幼い時から興味があって、子供向けの『古事記』を熱心に読んでいた私は、学校の科目でも歴史が一番得意でした。

私は、一年違いで男女共学の大学には入学できない世代でしたから、女子大の中で歴史科のある学校を探したところ、お茶の水女子大・東京女子大・聖心女子大が挙がり、通学に一番便利な聖心女子大（旧制）を選びました。

聖心は母体をフランスに置き、世界各地に分校を持つ国際的な学校でした。カトリックの女子修道会が経営していて、日本では大企業のオーナーの娘や旧華族の娘などが入学生に多い、いわゆる「お嬢様学校」と思われていましたが、戦後アメリカ人の学長が出るに及んで、学校の設備はいち早くととのい、非常勤講師に東大の現役教授が多数招かれている等、レベルの高い学校でした。

敗戦直後は、旧華族や旧財閥も経済的な力を失っていた時代でしたから、全体に節約ムードで、学校もむしろ質素な雰囲気でした。

敗戦直後は、金持ちはヤミ市の商人の成り上がりと、軽蔑されていました。そんな雰囲気の中で、ヨーロッパの中世紀風のありようは、何か清々した感がありりました。

歴史の授業は週七時間で、日本・西洋・東洋の歴史を学びました。元来歴史が大好きでしたから、毎日楽しい授業でした。来校の教授も、それぞれ名のある方々で、殆どが充実した講義をしてくださいました。

この間、友人も沢山でき、七人ぐらいのグループでハイキングに出かけたり、夏休みには、友人の別荘で一週間ほどの合宿生活を楽しみました。

戦争中の高校で「良妻賢母」教育を強いられ、友人ともあまりうちとけ合えなかった頃にくらべれば、実に楽しく充実した月日を過ごし、すべての課程を終えて、中学、高校の社会と国語の教師資格を取得して、卒業しました。

これが、私の青春への入り口でした。

第二章

人生の四季

春～青春期～

終戦は、日本の女性に、解放の喜びを与えてくれました。

すでに「男女平等論」は大正リベラリズムの中で芽生えていたのですが、戦時ファシズムは、この風潮を押しつぶし、軍国の母教育に終始していました。

おしゃれも禁止で、「モンペ姿」で青春の入り口をやり過ごしていました。

それが、敗戦によってアメリカナイズされ、生活の貧しさはあっても、精神的には自由が許され、日本に初めて「女性解放」の風が吹きこまれました。

それは、かねてからそれを望んでいた私にとって、夢のような時代でした。

新しい憲法は、平和を目指して戦争を永久に放棄すると共に、初めて「男女の平等」を法律の上でも保障しました。

それは、台風一過の青い空に、突然浮かんだ虹のように見えました。

そこから、私の春が始まったのです。


大学卒業後間もなく、母校の紹介で、藤沢にあったカトリック系の私立学校に就職しました。中学・高校の非常勤講師として、女子中高生に国語と歴史を教えました。高校三年生は一八歳でしたから、年齢の近い、姉のような先生でした。生徒とはすぐ仲良くなり、誕生日にプレゼントを贈られたり、関西旅行のおみやげをもらったり、先生というより、年長のお友達のような関係でした。

それでも、私の講談風の歴史授業は生徒たちに受けがよく、テストをしてみると、予想以上の好成績でした。

充実した毎日でしたが、不安だったのは、非常勤講師のままでは、職業人として不安定なことでした。

そのまま常勤の教師になれる道もありましたが、私の目標だった大学教師には、そのままでは手が届かなかったのです。

もう一度勉強しなおしたいと切実に思い始めているとき、親しかった友人の兄と知り合い、『資本論』を一緒に読んでいただくことになりました。

彼は、T大の経済学部出身で、当時高名なO教授の三羽ガラスと呼ばれた秀才でした。

彼との出会いが、その後の私に大きな影響を与えてくれました。プライベートなレッスンで『資本論』を学んだと言うと驚かれますが、この時は、相当熱心に勉強しました。難解な語句や理論を理解したいと、懸命に努力したのです。

「よく読んできたね」

等と、ほめてもらいたい一心でした。今、振り返ると、これが私の初恋だったようです。

その彼の紹介で、当時経済史の研究者として著名だった東京教育大のK教授の大学院での講義を聴講させていただけることになりました。

先生は、日常の講義の他に、地方に出向いて資料を集めたり、関係者のヒアリングを取ったりしていらしたので、やがてそのお供に加えていただくようになり、群馬・山梨・長野・岐阜等、主に生糸業の盛んだった地域の調査研究旅行にも同行させていただきました。

丁度その頃、群馬の生糸業地出身のFさんが、大学院に入学してきました。彼は生糸の産業史、私は生糸の女性労働史を目標に学んでいたので、話も合い、次第に親しくなりました。

彼とは、五年間を共に学んだ末に、K教授の仲人で結婚しました。

今、振り返れば、戦後の復興の時代、充実した日々を送り、明るい未来がほのかに見えた時代でした。

夏〜活動期〜

結婚後も、二人とも研究者として一人前になるのが目標だったので、共稼ぎが前提でした。

同じ方向を向いて歩いていけたのが、その後の私の活動の支えになりました。

ある日、横須賀線の車中で、天井からつられた広告に目をやると、「朝日ジャーナル」が論文募集をしているのが目にとまりました。

当時は、「大学問題」がさわがれていた時代で、論文のテーマは「大学問題」、その中の一項目に「女子学生論」とありました。締め切りは六月末、丁度一ヶ月はあったので、一つトライしてみようかと思いました。

その頃、「朝日ジャーナル」はインテリ層に人気がある雑誌でした。

一般読者対象の論文募集は珍しいので、良いチャンスだと思ったのです。

それ迄集めておいた女性に関する各種論文を読みなおして、一ヶ月ほどを費やし、大学における男女学生の就職格差、大卒女性の職業継続の困難さを分析しました。

六月三十日の締め切りまで、どうにかまとめたものの、最後の締めの言葉がうまく浮かばず、締め切りの前日まで、原稿をかかえていました。

「もう、あきらめようか」と思い始めていた時、夫が帰宅して、原稿をきれいに綴じてくれて、

「今、持って行きますから」

と、終業時間ぎりぎりだった郵便局にも、電話をしてくれました。

私も気を取りなおして郵便局に走り、ようやく締め切りに間に合いました。

この論文募集には、五〇〇編余の原稿が寄せられ、大学教授や物書きや学生の

ものもまじっていました。

一ヶ月後、思いがけず「入選」の知らせが届きました。

佳作七編の一つで、女性は一人だけとのことでした。

これが、私のその後の活動の、大きな後押しとなったようです。

「朝日ジャーナル」への執筆を始め、「婦人公論」にも原稿が掲載され、当時、ようやくテレビでも取り上げ始めていた「婦人向け教養番組」のチューターや司会者として声がかかるようになりました。

肩書きも「主婦」から「評論家」になり、ようやく職業人として認められたのです。


この頃、「日教組」からもアプローチがあり、当時六五万人の女性教師を組織していた婦人部の講師として、「母と女性教職員の会」に招かれ、「女子教育や女性問題」を語りました。その後、「日教組」婦人部の講師として、対象の場が全国に拡がり、私の活動の中心になりました。

そのうえ、もう一つの大きな風が吹きこんできました。「国際婦人年」でした。国内の改革には弱腰の政府ですが、国際的動向には、強い影響を受けます。国際婦人年は、女性問題では世界の先進国に大きく遅れていた日本社会に「ゆさぶり」をかけたのです。

この風も、強く私の活動を後押ししてくれました。国際婦人年は、国連の重要な行事として、世界中を対象に一〇年継続した国際的運動でした。

当時の日本では、「女性問題」を研究テーマとする研究者は、男性では皆無に近く、女性でも未だ目立った存在は少なかったのです。

しかし、この運動は一国のものではなく、世界的なものでしたから、日本政府も、あながち無視することはできなかったのです。

まず、各自治体を中心に「婦人問題懇談会」という諮問機関を作らせ、一般主婦の教育や地域活動への参加を促す責任を背負わせました。

その後、革新系の市長が治めていた地域では、進歩的な女性の増加は選挙の支持票にもつながるので、比較的熱心に、進歩的な女性教育を取り入れ始めていました。

当時、関東地方で革新系の市長が誕生していた横浜市・藤沢市では、「婦人問題懇談会」をいち早く立ち上げていました。

「男女平等」をテーマとする会議ですから「座長」や「会長」は女性になったものの、女性もこのテーマの専門家は少なかったので、私はこれらの会の「座長」や「会長」に選ばれて、月に一回、一年ぐらいかけて、地域の女性問題解決の道筋を討議し、報告書を作りました。

横浜市では、その間に論文を募集して、入選者数人をアメリカの西海岸都市ロサンゼルスやサンフランシスコに送り、アメリカ女性たちの生活や活動を実体験させました。

この時も私は団長として同行し、アメリカにおける女性の実行力やエネルギーに目を見張ったものです。

しかし、やがて社会の風潮は、経済第一主義に傾いて、再び独占的資本が支配する社会が再現されました。

これを背景に、教育の現場でも「女らしい教育」が復活し、男子生徒の「家庭科」導入は見送られました。同時に〈女子教育イコール主婦教育〉の傾向が、色こく反映されるようになります。

女性は短大、男性は四年制大を卒業後、就職して三〜四年で結婚退職を期待される女性と終身雇用の男性、かつての「良妻賢母」教育まがいの「女子教育」が、一部で強く主張されるようになりました。

多くの企業で結婚退職制が導入され、世帯賃金によって家族を養い生涯労働を保障される男性と、二四歳ぐらいをメドに結婚して職業を中断、専ら家事・育児に従う女性の生き方が、ジャーナリズムでも推奨されていました。

女性解放にとっては、まさに逆風でした。

社会全般に保守的な風が吹き、当時流行し始めた「クリスマスケーキ」にたとえて、二四歳を過ぎた未婚女性を「売れ残り」と「揶揄《やゆ》」する向きもありました。

当時は、親の立場から見ても「女の子」は、あまり歓迎されませんでした。

女の子を続けて出産すると、「また女の子」と言われて、傷ついた嫁も少なくありません。

女の子には相続権が認められず、結婚させるには、それ相応の経済的負担があり、「女の子が三人いたら家が破産する」と言われていました。

親の資産をゆずれなかった代わりに、「嫁入り道具」にお金をかけるのが、せめてもの親の情でした。「嫁入り道具が多いほど、婚家に大切にされる」ことを期待していたのです。

こうして嫁いだ娘は、婚家の一員として義理の父母につかえ、老人の介護を一身に背負うのが当然と考えられていた時代です。「家族制度」の下で相続の権利を独占していた長男が、最も尊重され、大切に育てられました。

女性の教育は、嫁入り道具の一つとして、「生け花・茶の湯・料理・裁縫」等が重んじられましたが、専門的な技能や科学的な学問の分野は不必要と考えられていました。


この社会的まき返しは、その頃「日本的経営」の波に乗って、高度経済成長をひた走っていた日本の産業界にとっても、望ましい風潮であったのです。

一時、「女性解放」の風は止み、女性の多くは二〇代前半で結婚、サラリーマンの夫に生涯養われるのを前提に、職場を去り、家事・育児に専念する専業主婦になりました。

その後、再就職を目指しても、殆どがパートで非正規職員にしかなれませんでした。

これらの社会動向を反映して、私が理想として来た男女平等・女性解放の風は、厚い壁にはばまれることになりました。

従って、出産・育児と仕事の両立は、私にとっても、むずかしい課題となったのです。

私の最初の出産は、結婚一年目、仕事が忙しくなり始めた頃でした。

初めての体験で無理をしてしまったのか、九ヶ月の早産で生まれた長男は、心臓が未熟であったとか、僅か一日で、この世を去りました。

その時の悲しみは、今も胸の底に残っています。

夫の嘆きも深く、二人とも落ちこんでいました。

それから五年間、何度か妊娠しながら流産をくり返し、「もう養子をとろうか」

という話も出始めた頃に、ようやく無事出産したのが次男です。

彼は、生まれた時から身長・体重が平均より大きく、その後の健康診断でも成長が早く、良い数字を残していました。歩くのも話すのも早い子でした。

この頃は、私の母が同居していましたので、育児の心配はありませんでした。ところが、彼が満一歳の誕生日を迎えた頃、母が大病をわずらいなくなりました。祖母にすっかり懐いていた息子にとって大きなショックでしたし、それまでスムーズだった私の仕事にも、育児が重くのしかかってきました。

この時から、育児も夫と二人三脚になりました。

二人とも仕事をしていましたから、どうしても人手が必要な時が、しばしばありました。近くに住む友人が預かってくれたり、お手伝いの小母さんに頼んだりしていましたが、一人っ子だから「集団保育」の方が良いとすすめられて、満三歳から「ナーサリースクール」に入園させました。

ここは、鎌倉郊外の静かな住宅地の中にあって、幼児教育が専門の夫と妻、それに娘の三人家族が経営していました。定員は二〇人ぐらいで、それなりの費用が必要でした。ここに入園させていた母親たちは殆どが育児中心の専業主婦でしたから、その頃すでにR大講師をしていた私にとっては、いささかつき合いにくい点がありましたが、息子はすぐなれて、広い前庭や砂場で皆と遊んでいました。

これで一安心したものの、テレビに出演する時や地方講演での出張など、相手のOKがあれば、時には息子を連れて行くこともありました。

息子はテレビ局の裏側を見てびっくりしたり、地方講演の時には、会場に入って来て一時間余り私の話を聞いていたこともありました。

その頃、夫はすでに大学の専任教師でしたが、私の仕事が入っていて他にお手伝いを頼めない時は、いつも息子の面倒を見てくれました。

彼の協力があったから、私は仕事が続けられたのだと思います。

特に北海道に通勤していた頃は、中学生になっていた息子の「弁当づくり」まで引き受けてくれました。今でも息子は、父親手づくりの「のり弁、鮭弁」がなつかしいようです。

丁度その頃、私には、思いがけず新しい道が開かれました。人生の目標としていた、大学の専任教師の話が舞いこんで来たのです。その大学は東京農大で、明治以降、すでに一〇〇年近い歴史を持つ農業中心の理科系の学校でした。

その頃からすでに、農業の形態も変化して、経営的手法が必要になりつつありました。そこで農大は、以前から管理していた北海道の地に、新しく「経営学科」を創設する計画でした。

しかし理科系で農学中心の長い歴史を持っていましたが、「経営学」の専門家を学内から出すのは不可能だったのです。

そこで、学部創設のメンバーの一人だった経営学専門のR大のM教授が人選を依頼されました。M教授とは若い頃から同じ学会で、共同研究にも参加していた御縁もあり、私が推薦されることになりました。

こうして、新設される学部で、女性労働論と社会学を担当することになり、助教授として採用されました。

そこで、私は人生の目標に一歩近づけることになったのです。

その後、一二年間にわたって北海道の網走市に新設された学校に通勤することになり、家庭との両立のため、現地に部屋を用意して、週に一回程、飛行機通勤をしていました。

現地で三日ぐらい滞在して帰宅し、次の週に再び飛行機に乗るあわただしい日常でしたが、今まで貯めて来た知識や意欲を、研究者として発揮できた幸せな季節でした。

この一〇年余の月日は、私にとって、まさに「収穫」の時代でした。

秋～収穫期～

大学は、網走市を見下ろせる小高い丘の上にありました。有名な建築家が設計したという洒落た建物で、全館に暖房がゆきわたっていたので、冬期でも室内では上着だけで過ごせました。

この町は、羽田からの直行便が着く女満別空港に近く、日本では珍しく流氷が来る町として、観光地でもありましたが、一方、明治時代から刑務所があって、特に自由民権運動の活動家を数多く収監して来た歴史が、極寒の恐ろしい町というイメージを植えつけていました。

今は、網走国定公園に移築して、博物館になっています。

網走の実態は、冬の二～三ヶ月を除けば、海に面し、緑の山に囲まれた住みやすい町でした。五月末には、ここでも「えぞ桜」が紅の濃い花を開き、川辺には「水芭蕉《みずばしょう》」が白い花を咲かせます。氷の去った海はおだやかで、時に海草の切れはしや貝がらを打ち上げていきます。

海では三種類の「かに」が獲れ、川を上る「鮭」も大切な水産物でした。山側では畑地が拡がり、「じゃがいも」や「とうもろこし」の産地でした。通勤の途中で「ゆでとうもろこし」を求め、弁当がわりに楽しんだりもしていたものです。

ここでの役割は、一～二年生対象の「社会学概論」と、三～四年の「女性労働論」を受け持つこと、一〇～一五人ぐらいのゼミナールを担当することでした。ほぼ三日ぐらいの滞在期間に、これらの仕事をつめこみましたから、毎日立ちづめで、一〇〇人近い学生を対象に講義をしました。

学生たちは二〇歳前後で、初めて親元を離れて下宿生活を体験している都会育ちの学生も多く、「早く家に帰りたい」「お母さんの御飯を食べたい」と訴える男子学生が少なくなかったのに、少数派の女子学生たちは、早くもこの土地の生活になれ、休日には近場の観光地で遊んだり、群を作って元気でした。

その頃の教授陣は男性ばかりで、女性は三人だけ。英語担当一人と生物学専門の女性、それに私でした。教授会に出席して意見を求められても、賛同する仲間が作れず、はがゆい思いをしていました。

生物学専門の女性は、アメリカ留学の経験もあり、独自のテーマを追究していた優秀な人でしたが、街中でけんかをしたという武勇伝もあって、学生たちにはこわがられていました。

お蔭で、私は「母親がわり」にされてしまいました。

育ち盛りの若者ですから、皆食欲旺盛で、

「先生、そろそろお寿司の時間です」

などと言われて、夕食を一緒にすることも少なくありませんでした。

皆よく食べ、色々話し、私にとっても楽しい時間でした。北海道産の「かに」の味は、今でも忘れられません。


多忙な中でも充実した毎日でしたが、一番骨が折れたのが「ゼミナール」の指導でした。

「ゼミナール」は、教師が自分の専門や講義の内容の一部を示して、生徒を募集します。学生は希望するゼミを第一希望から第三希望まで書いて提出し、おおよそ、四月の学期始めに、これを整理して、担当者毎に、学生の人数が決まります。

これを決める会議は、いささか微妙なものでした。

「ゼミ生なんか少ない方が助かるよ」なんて言いながら、担当者毎に集計される学生数が多いほど、その人の人気度に比例するので嬉しいのです。

幸い女性教師が他にいなかったので、いつもナンバーワンの数字を私が集めていました。

しかし、集まった千差万別の彼らの指導は、なかなか手におえるものではありません。

その中でも一番苦労したのが、年に一回実施が義務づけられていた「ゼミ旅行」でした。

最初は、箱根や千葉など手のとどく範囲で行っていましたが、海外旅行の流行が大学にも及んで、「ゼミ旅行」に国外を選択するグループが出てきました。

学生たちが「私たちも海外に行きたいです」と言い出すので、私のゼミも外国旅行を目指し、近場で行きやすい中国と台湾を選びました。

中国では、「万里の長城」や北京の観光地を訪ねました。

その頃の中国は、大都市は栄えていましたが農村では貧しさが見え、学生の評価は、まちまちでした。

次に訪ねた台湾では、知人の一人が当時政財界で活躍中の人だったので、ゼミ一同を超一流の食事処に招いて、台湾料理をごちそうしてくれました。

これには、学生もびっくり！　忘れられない味を楽しみました。

思えば、五〇代にして、私も彼らと共に「学生時代」を謳歌した、得がたい「みのり」の一時でした。


この間、私たち夫婦にとってありがたかったのは、収入の増加でした。

当時の日本的経営では、フルタイマーの給与は、世帯賃金で夫一人が働いて、妻子を養えるのが原則でした。

勿論、企業の大小、種類によって、必ずしもすべての企業で保障されたわけではありませんが、夫の収入がイコール世帯の収入であるのが、建て前でした。

この時期、我が家では夫婦が二人ともフルタイマーでしたから、ほぼ同額の収入を保障されることになり、二世帯分の収入で一世帯を支えて、ゆとりの部分が、老後生活の資金になりました。

この時の資金で、父の残した鎌倉の家を出て、近くの逗子市に土地を求め、初めて自分たちの家を建てました。

その後、湯河原で温泉付きの場所に土地を求め、二年後に長い間の「あこがれ」だった別荘を建てました。少し小高い所で、二階からは海が見え、太陽が海に沈む落日の美しさは、今も忘れられません。

この家は、夫の没後は管理しきれず、知人にゆずりましたが、そのお金が、後に「老人ホーム」入居の資金として役立ちました。

この頃、老後を支える年金が話題に上るようになり、小学校の同級生だった郵便局にお勤めのAさんから、「個人年金」をすすめられました。

毎年年末には、当時としてはかなり高額の金額を納め続け、これが、老後の私的年金として、少なすぎる公的年金を補ってくれました。


振り返ってみれば、この時期が私の人生では「みのり」の時期で、冷たい冬の時代をどうにか乗り切れる「みのり」を与えてくれました。

それに加えて、この季節の終わりに、私は立教大学から「経営学博士」の学位をいただきました。一六歳で志した研究者の道に、ようやく辿りついた思いでした。

やがて七〇歳を迎え、大学を去り、いよいよ終局への道を歩み出すことになりました。


それに先だって私たちが計画したのが、「金婚式旅行」でした。

結婚生活五〇年、幸い夫婦共に健康な八〇代を迎えていました。

その頃趣味のシャンソングループに入っていたので、「パリ祭」を目当てに、パリに出かけて「シャンソン」を聴く小旅行を計画しました。

七月のパリで、初めて「白夜」を体験しました。

シャンゼリゼ通りを二人でゆっくり歩き、カフェに立ち寄ってお茶をいただく。夜は劇場で歌や踊りを楽しみ、翌日は、昼間からシャンソン喫茶に行きました。数々の歌が流れた後で、日本調の歌が流れて驚きました。「浜辺の歌」でした。ピアノをひいていた老紳士が私たちに、「日本の方でしょう」と語りかけてくださいました。楽しい一時でした。

その夜泊まったホテルは森の中にあり、時々「ふくろう」の声が響いてきました。

次の日は、農村に行ってみました。麦の実る頃で、どの畑もたわわな実りを見せていました。道沿いに並んだカフェでは人々がのびやかな時間を過ごしていて、フランスの豊かさを感じました。

夫婦二人の仕事抜きの旅は久しぶりで、そして、これが最後になってしまいました。


帰国後もおだやかな日が続いていましたが、或る雨上がりの日、夫がけがをしてしまいました。

庭に出ていて、何かのはずみで転倒してしまったのです。

痛みが強いのですぐ外科病院に行きましたが、大腿骨《だいたいこつ》の骨折で、回復後も歩行が困難になってしまい、医者の紹介で介護施設に入ることになりました。

これといった基礎疾患はなかったのですが、ベッドの暮らしが続くと、次第に話すことも少なくなりました。

徐々に老化が進んでしまって、ほぼ一年余で、この世を去りました。

あまり苦しまなかったのが救いでしたが、思いがけないなりゆきで、私は独りになりました。

五〇年を二人三脚で生きてきたので、寂しい日常は辛いものでしたが、同居していた次男家族の存在が、慰めになりました。

夫は、一度も共に暮らせずに失った長男と共に、鎌倉の静かな墓地で眠っています。

夫・光男は、日本大学教授としての業績が認められ、平成23年に受勲しました。受勲式での記念写真です。

冬～終局への道～

人生の終局は何時頃から始まるのか、それは千差万別の現象と思いますが、すべての人に、公平に訪れます。

現在男女の平均寿命は、二〇一九年で男性八一・四一歳、女性八七・四五歳とされていますが、この平均寿命から、健康上の問題で日常生活が制限されることなく生活が可能な健康寿命の年齢を引くと、男性七二・一四歳、女性七四・七九歳となります。

そうすると、介護に必要な年数は、男性九年、女性一二年です。

この時期に老人が失うのは、健康だけではなく、家族や親しかった友人、失職による自分の収入、不運にも家を失うケースも少なくないでしょう。

この当時、五五~七四歳の平均的な収入は、男性で三三・四%、女性では実に半数の五一%が、年収一八〇万円（月額一五万円）を下廻ったといいます。[1]

その原因の一つが、女性の中途離職による、働く女性に占める非正規労働者の比率の高さです。

では、何故彼女たちは、人生の中途で離職してしまったのでしょうか。

一番多いのは、妊娠・出産と育児、次いで夫の転勤による離職でした。

これらは「育休」の普及によって減少傾向にありますが、最近これに代わる離職として、「介護離職」が増加しています。父母及び義理の父母、或いは夫の介護のための離職は、これからも増加すると思われます。

介護を理由とする中年期の離職が、老年期の経済的貧困の原因になりつつあります。

経済的に心配のない老後生活を確保するには、「介護離職」をさけることのできる社会システムを作ることが、必須の課題でしょう。

現在、人生の冬期をめぐる厳しさは、一層現実味を帯びて我々の世代にも迫っています。

二〇二五年には、国民の約五人に一人が七五歳以上の高齢に達し、二〇一五年の国勢調査によると、五〇歳時の男女の未婚率（生涯未婚率）が男性で二三・四%、女性も一四・一%に達し[2]、家族をつくらない層の増加が、出生率の減少とも連動しつつあります。

これからも、高齢者の介護負担の増加に反比例して、介護を負担する家族は減少してゆくでしょう。

そうなると、地域の助け合いシステムが必要とされます。

すでに自治体を中心に、各種のシステムが実施されてはいますが、急増する高齢者の要望を満たすには、ほど遠いのが現状でしょう。

そこで登場してくるのが、企業としての高齢者施設です。

これらは、従来の福祉一本の小規模のものとくらべると、規模が大きく、それだけに建設に伴う資金も大きくなります。

最近注目されるのは、福祉企業として、事業展開する施設の建設が増加していることです。

健康長寿から介護期に移行する高齢者の増加に反して、従来それを担ってきた家族介護の減少がさけられなくなってきた現在、これを補う一つの手段として、成長を続ける「企業福祉」のあり方と課題を探ってみたいと思いました。

幸い私は、その一つに入居することになり、三年余の歳月を十人十色の高齢者一〇〇余人と生活することとなったのです。

人生の冬に入って、最後のコースを辿っている私の日常生活と、共に歩む人々の生活体験を記しておきたいと思いました。

そのレポートが、後に続く高齢者の人々の、ささやかな「道しるべ」の役割を果たしてくれることを願っているのです。

（1）樋口恵子著『老いの福袋』（中央公論新社）
（2）同右

第三章

有料老人ホームの日々

（人生コースの最終地点）

入居までのいきさつ

私が施設に入居したのは、二〇一九年の一〇月、現在四年目になります。まずは、入居までのあれこれを記しておきましょう。

私の家庭は、出発の時点から核家族でした。

夫の実家は群馬県でしたが、すでに父は亡くなり、高齢の母と農業をついだ長男とその妻が同居していました。これに三人の孫を加えた拡大家族でした。

一方私の家族も、すでに父は没し、母は兄の家族と同居。二人とも老人介護からは自由な立場でした。

夫も私も、生涯仕事を持つのを目標にしていました。

やがて男子一人をもうけて、三人の最小限の核家族となりました。

親と同じ研究者の道に進んだ息子は、大学院時代の女友達の一人と結婚し、男女二人の孫が生まれました。

私・息子夫婦・孫で、五人の拡大家族になったのです。

この時期、私は現役で仕事を続けていましたし、息子の妻も語学のプライベートレッスンや翻訳等で、忙しい日常でした。

家事労働のいくつかは、他人の力を借りましたが、目標や関心も同じ家族だったので、互いに認め合い助け合うことで、共通の家事・育児をこなしていました。

それは、活気のある楽しい生活でした。

このまま拡大家族で行けると思っていたところ、息子が「共同研究のためイギリスに行きたい」と言い出しました。

大学の制度としても可能で、すでに大学生、中学生に成長した孫たちにも留学の機会を与えるため、家族全員で渡航したいと言うのです。

「大学の許可が出れば、来年には行きたい」

とのこと。

しかしすでに九〇歳に達していた私には、残念ながら同行は無理でした。

そこで息子の妻が懸命に探したのが、留守中私を預かってくれる施設でした。


日を決めて、M市内のいくつもの施設を二人で見て回りました。

市内だけでも四～五軒はあり、設置主体によって、それぞれに趣が異なっていました。

その中の一つが、現在入居している「ホスピタルメントM」です。

この施設の特色は、敷地が広く緑が多いこと。建物にガラスが多く使われ、明るくて、一見ホテル風であること。

説明してくださった支配人も感じの良い人物でしたので、家族で相談の結果、ここに決めて手続きに入りました。

入居の決まった部屋は、三階の三〇一号、エレベーターのすぐ近くで、北向きですが、部屋の窓から隣の公園の緑が見下ろせ、窓側に障子が使われているので、明るく、トイレ・洗面所も部屋に付いていて、大きなベッドがそなえ付けになっていました。

この部屋に、衣装戸棚・テレビ・小型の飾り戸棚・テーブル・椅子等を、息子の妻が、すべて白でそろえてくれたので、狭いながらも、ととのった部屋になり、居心地も良さそうに見えました。

こうして、その一ヶ月後、二〇一九年の一〇月に、私は、ここに入居しました。

施設のあらまし

「ホスピタルメントM」は、有料老人ホームの類型では「介護付一般型」、入居時の要件は自立を含む混合型になっています。

定員数は一一六人、居室数は一一四室で、敷地面積も建物の延べ面積も広く、鉄筋コンクリートの三階建てで、外観は明るい洋風の建物です。居室は、一人用が一階二〇室、二階四五室、三階四五室。二人用は、二階と三階にあって、これは原則夫婦用です。

全館冷暖房完備なので、冬の最中でも、毛糸のカーディガンを羽織るぐらい、真夏も木綿の半袖ですごせます。

そして、もう一つの利点は、見晴らしが良いことで、北側一列の部屋は隣接している公園の緑が見下ろせ、春は桜、秋は紅葉が見事です。

広い前庭・中庭には、様々な花が植えられ、入居者は居ながらにして、四季を楽しむことができました。中でも樹齢一二〇年という桜の老大木は、毎春枝一杯に薄桃の花を開き、入居者を楽しませてくれます。

この他、全員が食事に集まる大広間は、広い前庭に面して、ガラス戸を通して、四季それぞれの自然を味わうことができます。

加えて、老人施設に必要な「入浴場」として大浴場があり、その中に三つのコーナーが設けられています。

一つめは、一番広くて三〜四人は一緒に入れる浴槽で、歩行が独りで可能な人用、二つめは、車椅子のままで入浴できるスペース。三つめは、寝たままで入浴するための介助ができる場所となっています。

これらを利用して、入居者は、週に二〜三回の入浴サービスを受けられます。

ここでも、季節感を大切に、五月には「菖蒲湯」、十二月には冬至に「柚子湯」が用意されました。

この他、様々な理由で、すでに歩行困難な人のリハビリのために、各種の器具が用意され、専門の職員による指導が行われます。

これら諸設備の整備と、これを保持する「清掃グループ」の働きで、入居者の居心地の良さが支えられていると思います。

日々の生活

❖或る一日

一日は、職員のあいさつとメッセージで始まります。

「入居者の皆様、おはようございます。間もなく朝食のお時間です。うがい、手洗いをすませて、食堂にお集まりください」

毎朝八時のことです。たいがいの部屋が、未だ静まっていますが、すでに自由な歩行が困難な人たちは車椅子のまま、ヘルパーの手で、大広間に連れて行かれます。半分の人は、車椅子に座ったまま眠っています。やがて、独り歩きの可能な人たちが三々五々集まって、きまったテーブルにつきますが、それから三〇分ぐらいは、配膳を待つことになります。

この時間は、三食ともほぼ同じで、入居者にとっては手持ち無沙汰な時間ですが、入居者数にくらべて配膳係の数が少ないので、やむを得ないのかも知れません。

この時間に、殆ど互いの会話が不可能なテーブルでは、再び眠ってしまう人もいます。一〇〇人近い人の集まりにしては静かで、時々大声や大きな「くしゃみ」が静けさを破るだけ。楽しげな会話のはずむテーブルは少ないのです。

食後の午前中は、曜日や人によって、入浴・医師の往診・マッサージ・美容サービス・体操等が行われます。とは言っても、介護度によっては、参加が難しいものもあるでしょう。

他に、車椅子で館内を歩き廻っている人が一〇人近くはいます。

元気な人たちは、三階の平らなフロアーを何回も廻る散歩を試みます。

男性の一六回がトップで、女性でも六〜一〇回と、頑張っている人もあります。

最近、理学療法士の指導による「朝の会」がほぼ毎日開かれるようになり、簡単な体操・歌唱・テレビを使う脳トレ等を行って、昼食までの時間を埋めています。昼食は十二時に集められ、一二時三〇分～一三時の間にすませます。これから、夕食の五時二〇分ぐらいまで、退屈な時間が残るのです。

「昼間から寝ると夜が眠れない」と言う人たちもいて、各部屋で、ぼんやりと時間をやり過ごすことになるのです。

施設では、この対策のために各種のレクリエーションを用意することになりました。

一番多いのが、一ヶ月に四回実施している「習字レク」。毎週土曜日に行います。参加者は一〇人余ですが、皆かつて習字をならったことのある人たちで、趣味の一つとして楽しんでいます。

この他、主婦にはなじみやすい「手芸」、「折り紙」、「ぬり絵」等、指先を使うものが多いのです。

「手仕事」は苦手と言う人には、「歌唱レク」、「脳トレ」、「カードレク」、「園芸レク」等が用意されています。内容は様々で、必ずしも入居者にマッチしたものばかりとはいえませんが、職員が中心になって、日常の仕事にプラスして実施しているので、準備不足はやむを得ないと思います。

例えば「歌唱レク」は多くの人数を集めていますが、担当が選んだ歌をテレビで流し、映し出された歌詞を見て、「歌える人」が歌うことになります。選曲が合わないと誰も歌えません。男性好みの「演歌」などが流れても、誰も声を出しません。昔なつかしい、きれいな歌詞の童謡や叙情歌だと、参加者の声も響いてきます。

「脳トレ」もむずかしいようです。印刷した問題を配って、簡単な計算や絵の「間違い探し」「諺選び」等を行いますが、参加者のレベルがまちまちで、早い人と遅い人の格差があるため、担当者は困っています。

これに加えて、国語・算数・社会等関連の問題をテレビに映し出し、自由に答えさせるケースもありますが、これも問題によって、反応はまちまちです。

これら各種のレクリエーションの中で、人が集まり人気のあるのが、「カードレク」です。

これは入居者の何人かが始めたのが一つのグループになり、誰でもできる「七並べ」や、たまには「百人一首」も取り上げ、担当者抜きでも楽しめるようになっています。一日の後半を、各種のレクが三時半頃まで埋め、その後の五時半ぐらいまではカードグループやコーラスグループは、自主的に楽しんでいます。

五時二〇分に夕食の配膳が始まり、約一時間後、六時半頃には部屋に戻り、テレビをつけます。七時のニュースを中心に、様々なチャンネルを探して、音楽、劇映画、時には「政治討論」や「外国ニュース」にもチャンネルを合わせます。

一〇時三〇分~一一時にはベッドに入り、翌朝七時の起床まで八時間、充分な睡眠時間です。

私は、こうして退屈な時間を充実した時間に変えようと努力してきました。

その中で、一〇人近い遊び友達を得ることができ、毎日ゲームや会話を楽しむのを貴重な「脳トレーニング」と思っています。

これら毎日のレクリエーションの他に、施設が用意している年間の行事がありますす。その主なものをあげてみましょう。

❖主な年間の行事

毎日の「レクリエーション」の他に、施設では次のような年間行事を用意しています。

一月は「初もうで」、三月は「ひな祭り」、四月は「お花見」、五月「たんごの節句」、七月「夏祭り」、九月「敬老祭」、一〇月「運動会」、一一月「収穫祭」、一二月「クリスマス」等です。

特に力を入れているのが「敬老祭」で、その年に「祝い年」に当たった人たちを紹介し、表彰状とプレゼントが贈られています。

一〇月の運動会も力を入れている行事で、全館を万国旗で飾りムードを出しています。

競争種目は「綱引き」「大玉送り」「玉入れ」の三つで、どれも車椅子の人たちが、そのまま参加できるように工夫されています。いつもはだんまりの人々も、紅白に分かれての競争に声を上げ、共に楽しんでいます。

年末のクリスマスには、前庭・中庭を含む全館をイルミネーションで飾ります。大きな「もみの木」できらびやかなクリスマスツリーも作ります。こんな雰囲気の中で、職員や入居者のコーラスや楽器の演奏があり、クリスマスムードを高めてくれます。

これら季節ごとの年間行事が、今や家庭をはなれ、個々ばらばらに暮らす老人たちに、一時の楽しみを与えています。

❖グループ作りあれこれ

運命共同体的に集められた千差万別の仲間たちと、日々楽しく過ごすには、何らかのグループ活動が必要でしょう。

そこで、入居者の自主的なグループから発展した二つのケースを紹介しましょう。

この施設で、最初にグループ作りを目的にしていたのは、俳句作り六〇年余のFさんでした。私は、このプランの片棒かつぎを期待されていましたが、周囲の人たちに当たってみると、次第に不可能なことがわかってきました。「俳句なんて作ったことがない」「むずかしくて、とてもできない」と、反応が冷たいのです。

そこで私が考えたのが、幼い頃によく家族や友人と遊んだ、トランプをするグループでした。持ちかけてみると、こちらは反応が良く、たちまち四～五人の賛同者が集まりました。

その小さなグループで自由時間にトランプ遊びを始めると、「面白そうね、私も入れて」と人数が増えて、すぐに一〇人ぐらいのグループになりました。

事務所でもこの動きに注目して、公の行事企画の中で、「カードゲームレク」として取り上げるようになりました。

今では月に四回担当者が入って、二つのテーブルを用意するまでになりました。一つのテーブルは、自主的にやりたい人が集まれば、毎日でもやる常連さん、もう一つは、最近の入居者や部屋に「こもりがち」な人たちにも声をかけています。

カードゲームといっても、トランプの「七並べ」が中心で、たまには「百人一首」や「歌カルタ」等も行っています。

これらの活動に参加して、部屋にこもりがちになる「おこもり」から抜け出して、明るくなった人もいます。

今のことは忘れがちでも、昔遊んだ記憶ははっきりしていて、特に「百人一首」

では、昔の記憶が今でも生きています。

遊びとはいえ、一時真剣になり、会話もはずみます。

そんな体験をきっかけに「おこもり」を卒業し、人との交わり、楽しい会話を通して次第に仲間を増やしています。


このグループを更に発展させたのが、「ひまわりコーラスグループ」です。「ひまわりコーラスグループ」は、歌の上手な人というより、歌の好きな人たちの集まりです。若い時にコーラスグループに入っていた人も少なくありません。皆、歌うのが大好きで、若い頃流行した歌謡曲や幼い時から知っている童謡・コーラスグループで歌った外国民謡ややさしい歌曲など、なんでも楽しんでいます。

但し、男性好みの「演歌」には抵抗があるようです。

施設主導の歌ではあまり取り上げられないアメリカのフォスターやロシア民謡、

イタリアのカンツォーネ、シャンソンにも手を伸ばして練習曲に入れています。練習日は、ひまな日の午後三時頃から夕食の五時半頃まで、自由時間を活用しています。

歌詞やメロディーを覚え、声を出すことでうっせきした思いを発散できると、参加者には好評です。「好きこそ物の上手なれ」より「下手の横好き」を大切にしているので、結成以来、退会者はいません。

今では、重要な行事に出演するようにもなりました。

これから、できれば、歌好きの職員も仲間に入れて、施設コーラスに発展させていきたいと思っています。

「ひまわりコーラスグループ」のメンバーです。ソプラノ４人、
アルト４人の構成で、お誕生会に出席した時の写真です。

人間関係アラカルト

❖入居者の人々

この施設の入居定員は一一六人ですが、現在は空室もあり、ほぼ一〇〇人余の人々が同居しています。入居金のハードルがあるので、殆どが、中間層の老人です。女性は専業主婦だった人が多く、職業体験者は少ないようです。二割弱の男性は、大企業の社員、専門職、自営業等といずれも中流階級と思われる人々です。おおよその人が同じような生活体験を持っているように思えますが、実際は、多様な人生体験・生活習慣を持つ人々です。

まず施設が「介護付き」ですので、極く少数の自立可能な人と、何らかの介護が必要な多数の人々に大別できます。

更に介護の内容によって、要介護一~要介護五までに分かれています。

この区分に、ほぼ比例して、歩行のしかたが分かれてきます。

①杖なしで歩く。

②杖を使って歩く。

③保行器を使って歩く。

④車椅子を自分で操作して動く。

⑤車椅子に座ってヘルパーに操作してもらう。

⑥車椅子に寝たままで移動する。

歩行のしかた別の自立度は、次のようになります。

①極く少数の自立可能な人。

②要介護一程度の人。

③要介護一～二ぐらいの人で比較的多い。
④全体の三割ぐらいにあたり、最近増える傾向。
⑤この区分も最近増えつつあります。自立的に行動できないので、レクリエーションや行事にも参加しにくいようです。参加しても、そのまま眠ってしまう人もあり、積極的な行動は難しいようです。
⑥この場合は、殆ど自室で過ごすことが多いでしょう。

これら入居者の歩行の程度を左右するのは、主に二つの原因によります。一つが転倒による骨折、そしてもう一つが基礎疾患による作用、特に脳に関する機能の低下などです。

入居者の状態は、老化に伴う各種の疾患に左右されていますが、その現れ方は、個々人の生活体験や性格によるようです。

一言で言えば、今までの人生の貴重な経験や様々な苦労など、「若い時の苦労は買ってでもせよ」と言いますが、今までの人生を「どのように生きたか」が、現在の生き方を左右しているように思えるのです。

現在、施設の中で一〇〇歳を超える人が三人おります。

最年長で一〇四歳のAさんは、今でも車椅子を自分で操作して、広間のあちこちを自由に歩き廻っています。少し聞き取りにくいとはいえ、会話もできます。行事やレクリエーションにも参加可能です。

次に続くのが、一〇〇歳の男女です。男性のBさんは、現役時代は小児科の開業医だったとか。今でも、やさしい感じの人で、子供たちにも良いお医者様だったと思われます。

食事の時は六人テーブルで男性一人ですが、朝晩のあいさつを欠かさず、五人の老女たちの少しやかましい会話を静かに聞いています。長身で姿勢を真っすぐに、今も杖なしで歩けます。実は三階の平らな廊下を散歩道にして、一日に一六回は廻る訓練を欠かさずに励んでいるのです。各種の行事やレクリエーションにも参加され、静かな存在感を示しています。

女性の一〇〇歳Cさんは、主婦として三人のお子さんを育てながら、俳句にもはげみ句集を出版されています。その句を読むと、円満な温かい家庭の様子がうかがえるのです。今も遠慮深く静かな人で、周囲の人たちに大切にされています。

リハビリ体操にも、熱心に取り組まれています。

これら三人の方々の次に、九五歳以上の人が何人か数えられます。皆、大正生まれの方たちです。

ここの入居者の平均年齢は八九歳と聞きましたから、殆どが昭和生まれです。大正生まれの人たちは、戦時中にすでに成人に達していたでしょうから、苦労も多かったと思われます。

その点、多数派を占める昭和生まれはどうでしょうか。

過去の人生体験をどう受け止めているかが、現在のあり方に反映されているように思えるのです。

「私の今までの人生は幸せだった。感謝している」と言える人は、他人への配慮を持つゆとりがあり、自分と同じように他人を大切にします。

明るく、話し上手・聞き上手です。相手の話をよく聞き、人の悪口や噂話はしません。自慢話はさけます。

例えば「私の主人は社長でしたの、ずいぶん贅沢《ぜいたく》させてもらいました」、「主人は日銀勤務でしたので、全国に転勤して、どこでも大切にされました」、「息子はA大で一番でした」等は、あまり歓迎されない会話です。

過去は過去として、現在の共通点を認め合い、多様な立場や性格を受け入れることが、友人づくりには必要な条件と思われます。

入居者を見渡したところ、圧倒的に多いのは女性です。

一〇〇人中、ほぼ八割が女性で、男性は二〇人以下でしょう。

その原因は男女の平均寿命の差にありますが、元来「産む性」である女性の方が強健であるのか、とにかく高齢男女の比率はアンバランスです。多数派の女性たちは、男性たちをあだ名で区分したりしています。

「イヤ爺」「コワ爺」「カワ爺」。

「イヤ爺」は、勝手な行動が多くて、他人を押しのけたり、えばっている人。

「コワ爺」は、いつもいかめしく、笑顔を見せたことのない人。

「カワ爺」は、可愛いお爺さんのことで、気さくで話しやすく、どこか可愛気のある人。こんな人はあまり多くはありませんが、老女たちに親切にされています。

男女それぞれ多様な老人がいますが、他人に受け入れられているのは、明るくて、可愛気のある人のように思います。

こんな団体生活の中で、女性たちは自然とグループを作ります。トランプ遊びやコーラスグループ等、一〇人近い人たちが集まって、何の行事もない空白の時間を埋めています。

一方、男性には、こうした行動は見られません。個々ばらばらで、男性同士のつきあいも、あまりないようです。

女性にくらべて、生活体験が多様だったのか、お互いにプライドが高くて折り合えないのか。とにかく孤独そうな人が多いのです。朝晩のあいさつもない。一日中、自分のテーブルに座ったまま何もしゃべらない。そのまま眠ってしまう人もいます。部屋はすべて一人部屋ですから、話す相手はいません。こうして、言葉を失ってしまい、話せなくなる人も出てきます。

専門医の話では、認知症の発症や重症化を防ぐ手段として、「会話」の必要性がまずあげられています。

他人にも関心を持ち、会話を楽しむことが「認知症予防」のカギの一つと認められているのです。

朝の八時半過ぎ、部屋から車椅子で食堂に連れてこられても、そのまま眠っている人たちがいます。彼らに朝食をとってもらうのに、職員は苦労しています。毎日午後の行事を終えるのが、三時頃。それから夕食の時間の五時半ぐらいまで、「何もない」退屈な時間が残ります。

この時間にコーラスやトランプ遊びをやっているのは、女性ばかりの一〇人ぐらいのグループだけです。音楽が流れる広間で眠ってしまう人が一〇人近く見られます。殆ど話し声はしません。

目立つのは、座っていられず、広間をぐるぐる歩き廻る人、大声で叫ぶ人、何故か「しくしく」と泣き続ける人。いずれも「病気」の症状と見られて、職員は取り合いません。この他、衣類の着方が乱れて来る、上着から下着がはみ出している、その日の寒暖に合わせた服が選べない等も、病状の進み方を示しているようです。

一方、一〇〇歳にもう一歩という所に来ていてもご自分をしっかり持ち、他人にも、いつも思いやりをかけている人もいらっしゃいます。

その一人のTさんは、外国暮らしが長く、中国人のご主人との間に、五人のお子さんをもうけ、それぞれ立派に育てられています。今もご家族の「きずな」は強く、近くに住む息子さんが、必要な物は先取りするように買って持参され、お嫁さんが用意される食事に招かれて帰宅されています。

子・孫・曾孫が集まると一八人という大家族で、家族の行事を楽しんでいらっしゃいます。スマホの操作も上手で、家族の間の通信だけでなく、幅広く世界のニュースにも目を留めています。毎日の生活も規則正しく、リハビリ体操にはげんだ結果、歩行の質が向上したそうです。

彼女こそ、「一〇〇年コース」に到達されるお一人だと思っています。

このように、今や「一〇〇年コース」が現実味を帯びて来ていますが、一〇〇歳近い人々を見渡して感じることは、それは、人間の日々の生活の積み上げの上に、はじめて実現されるものだということです。

良き両親に恵まれ、楽しい幼児期を送り、家族に良い思い出を持っている人は、自分の家族も大切にし、自分の人生を幸せと感じるでしょう。

ここで出会った友人にも、自分の人生を肯定的に考え「幸せ感」を持っている人がいる一方で、「自分が一番貧乏だった」と不幸感と一種のひがみからいささかゆがんだ価値観を持っている人がいます。そんな彼女には良き友人がいませんでした。

この団体生活で心がけたいのは、終局まで明るく楽しく生きるということです。ここの生活が団体であるからこそ、仲間を作ることができ、同じ生活パターンを歩む人々と共に楽しく過ごすことができるのです。

私たちは、ほぼ同じ年代を生きて、同じ社会環境、特に戦争の体験も共通です。

昔の話はすぐ盛り上がるのです。
すでに成長した孫や、働き盛りの子供とは通じ合えない話もわかり合えます。互いの過去は千差万別でも、共通の〈今〉を大切に、弱い所は助け合い、励まし合って「一〇〇年コース」の最終地点を目指しましょう。

心と体の健康を守りながら、前を向いて、人生を走り続けたいと思います。

❖職員の人たち

まず、職員の分布と、その職務の内容を見てみましょう。
（1）事務所……………八〜九人（管理職を含む）。
（2）介護職（ヘルパー）……三五〜三七人。
（3）看護師……………九〜一〇人（夜勤を含む）。
（4）リハビリテーション………二人。

(5)クローバ(介護補助)……一〇人。
(6)厨房……………一四人。
(7)清掃………………七人。

これらの数字は定員ですから、常にこの数が保持されているとは限りません。特に非常勤者が多い介護職は、流動が烈しいです。

縦割りの業務分担という位置付けになっているので、ヘルパーは介護、清掃は掃除、看護師は医療といった役割意識が強いようです。

入居者と職員の関係は、家族に準じる所があります。

しかし大きく異なるのは、家族は血のつながりによる「心」があると信じられていますが、職員と入居者を結ぶのは、金銭を介した仕事としての関係です。

今や家庭のありようは変わり、必ずしも、すべての家族が老親と「心」でつながっているとは言えないかもしれませんが、「そうあるべき」とは考えられているのです。

そのため施設の職員に求められているのは、「家族風」のありようです。

実際、数ある入居者の中には、「家族に見放されての入居者」もいるでしょう。これを受け持つ職員の苦労は、並大抵ではありません。

言語中枢が障害されている人との対話は、むずかしいものです。「物忘れ」が著しく、何度話しても理解してもらえないケースや、被害妄想や幻想が進んでいる人を説得するのは困難です。

そこで、私が一番感心したのが、「相談者」としてのかかわりです。

職員のTさんは、重度の障害のある人たちの相談事に、誰彼の差別なく、じっくりとかかわっていました。行先不明でさまよっている人たちには、すばやく声をかけて助けています。

そんな姿に感動して、「こんな人材が、もっと育てば良いのに」と思いました。

しかし、ここに勤める職員も多種多様です。

一番望ましいのは、この仕事に「誇り」を持ち、専門職として成り立つように努力している人たちです。

すでに理学療法士・看護士・介護士等の資格を持っているか、これから取得しようとしている人たちです。特に女性でも一生の仕事と思っている人には、仕事に対する使命感が感じられました。

彼らは、入居者に温かく接しています。

一番困るのは「この仕事にしかつけなかった」というコンプレックスを持ち、重度の障害のある入居者を幼児並みに扱うような人です。

「I子ちゃん、御飯だよおたべ」等と言うのです。

入居者の現在しか見ないで、それぞれが培ってきた人間としての尊厳を無視しています。

一方、入居者の態度もまちまちです。

「高い金払っているんだから」と、職員を使用人並みに扱う人や、頑固で言うことを聞かない人は嫌われるでしょう。

ここの家族の一員として認め、明るく付き合うことです。

心が通じれば、やさしくなり、何かと相談にも乗ってもらえます。

私には、何でも話せる職員が二～三人はいて、何かの時に、力になっていただいています。

ところで、日本の平均賃金の中で、福祉施設の職員の場合は低いと言われて来ました。女性の「ただ働き」の代替として発足したからでしょうか。

しかし、今や最重要な職業になりつつあります。

福祉国家と呼ばれる北欧では、施設職員の給与は、銀行員より高いと言います。待遇の改善は、人材のレベルアップをもたらすでしょう。

今や、こうした施設は人手不足を補うため、東南アジア諸国の研修生を受け入れていて、その数は、年々増えつつあります。

それでも足りなくなったら、ロボット介護士の導入も検討されているのです。人の心を持たないロボットの導入を防ぐためにも、職員のハードな働きを理解し、彼らと良好な関係を築きましょう。


施設の生活を楽しくするのは、そこに働く人々の専門性と忍耐、やさしさだと思っています。

そんな要件を満たされていたのが、Eさんでした。

そのEさんが、突然退職してしまったのです。

ある日の朝、朝食が終わって間もなく、突然Eさんが部屋にいらっしゃったのです。

「何の御用事？」

と問いかけると、とても言いにくそうに、

「実は、今日で私は退職することになりました。もっと早くお伝えすれば良かったのですが、何か言い出しにくくて、当日になってしまいました」

とおっしゃったのですが、思いがけない話に、一瞬信じられませんでした。

Eさんは、ここに勤めて二年になると聞いていました。

私は、一年ぐらい前、原因不明の腰痛で、歩行困難になりかけていました。その時、Eさんが手当てをしてくださったのです。

文字通り手を患部に当てる彼の専門的技術のマッサージで、ほぼ三〇分ぐらいで気持ち良く眠気をさそわれると、静かにあかりを消して「お休み」と出ていかれるのです。

そんな「手当て」を三回ほど受けたら、腰の痛みがなくなり、歩行も回復していました。それがきっかけで、私は彼を意識するようになりました。

ここに入職してからの彼の働きは際立っていて、「朝の会」の司会、二つの体操の指導、歌謡曲の会の選曲など。

この役割は今までかなりいいかげんで、童謡から「演歌」までがまぜこぜで、参加者の歌えない曲もありましたが、彼はそれらを整理して、多様な曲目を選んでくださいました。

今までは取り上げられなかった外国の民謡ややさしい歌曲、特にシャンソンの採用は嬉しかったので、歌好きのTさんと、いつも前列に並んで声をあげていました。

時には、彼も歌うこともあり、楽しい一時でした。

彼の仕事はこれらレクリエーションの指導の他に、マシーンを使ってのリハビリ、車椅子の人の歩行訓練も行って成果をあげていました。

すばやい目配りで、困っている人がいると、すぐ手を貸していらっしゃいました。職員の人手不足が目につきつつあったので、Eさんの行動力は目立っていたのです。シフト制の勤務で、週二日の休みは家族サービスや趣味の時間とする、かしこい働き方を実践されていました。とにかくよく動く方で、席に座っていることは殆どなかったのです。

コロナが発生して、すべての行事が中止になり、終日個室に閉じこめられる日が続いた折にも、独り歩きのできる人を誘って、近くの公園に散歩させてくださいました。

桜の蕾がふくらみ、小鳥の声が響く、暖かい日でした。ベンチで一休みして、帰り道では手を引いてくださいました。

そんな彼が、何故退職してしまったのか。

他の職員は、同一企業の他の職場に転勤されたと思っているようでした。

「優秀な方ですから、引き抜かれたんでしょう」と。

でも、それは違う。彼は、目一杯働いた末にこの職場を自ら去ったと感じ、その原因を知りたいと思った私は、退職されて二日目ぐらいに、帰宅の時間を考えて夜八時過ぎに電話をしてみました。

幸いすぐに出られて、約一時間近くお話しできたのです。

以下、そのあらましを記しておきましょう。

まず、彼があげたのは、経営方針や経営の理念が明らかでなかったこと。

そして、どこもかしこも同調圧力の雰囲気があり、よく働いている人とそうでない人の差はつけられなかった。働く人同士のつながりがないので、理想を実現できなかった。「理想像」の共有が必要だと思った。リハビリ部門は、専門職として独立して後方支援をするつもりだったが、同僚とは考え方が「ずれ」ていた。甘えられて仕事が増えるばかりだった。国の方針として、施設間の自由競争を可能にしている。ルールだけ示して、お手本や成功例は明らかにされず「慈善ではない。営利で良い」とされている。要点をまとめるとこのようなことでした。

私は彼の話から大規模経営ゆえの福祉と営利のミスマッチを感じました。

では、最近地域で増えつつある小規模施設はどうでしょうか。経営者の方針や理念が明らかでも、資金ぐりの困難さで、ゆきづまるケースが少なくないのです。

現状では、経営の体力が弱い順に施設が買われて、大規模施設が小規模施設をのみ込む傾向が出ていると言うのです。この動向が、これから更に増加するのではないかと危惧されています。

今後更に増え続けるであろう介護を担う企業福祉のプラスとマイナスについて、ふれさせていただきました。

さらに、「コロナ」発生下の三週間余に実感させられた施設生活の課題を、レポートしておきたいと思います。

付記 〜「コロナ」発生下の施設で〜

二〇二三年の正月は、「コロナ」禍が原因で、例年のようには過ごせませんでした。

すでに発生後三年が経過したというのに、世界中終息のきざしは見えず、日本でも三〇〇〇人近い新規発生数が続いていました。

例年、帰宅して家族と「すきやき」を楽しむのが正月の楽しみでしたが、それもおあずけとなったのです。

それでも元日は、快晴の空がコバルトに輝き、風もなく、例年より暖かい日でした。

思いがけないアクシデントがとびこんできたのは、二日の日でした。

施設内で、「コロナ」が発生したのです。

最初の患者は男性一人で、すぐ入院されましたが、その人の自室の扉に印がつけられ、施設内に緊張が走りました。


患者数は急激には増えなかったのですが、一週間ぐらいのうちに次々に発生して五～六人となり、一三日には全館「自室内で待機」の指令が出ました。

自分で歩行や食事が可能な人たちは、一日三度の食事も「部屋食」になり、次の週初めから、「自室のみの生活」が通達され、同時にすべてのレクリエーションなどの行事が中止となりました。

外からの出入りも禁止で、訪問歯科・美容サービス・マッサージもすべてできなくなりました。

予定が何もなくなった一日の後半、Eさんが部屋にいらっしゃって、「散歩に行きませんか」と誘ってくださいました。

下に降りると、杖なしで歩ける友人が三人と、車椅子を押してくれる介護士さんが一人。五人のグループで、隣の公園まで散歩しました。

風もなく暖かい日和で、コバルトの空を時々山鳥たちが通りすぎていきました。一日部屋づけの生活から一時解放されて、気分がそう快になり、話もはずみました。公園のベンチで一休みして、帰途に。

少しも疲れていませんでしたが、Eさんが手を引いてくださって、とても温かく、元気が出ました。

ところが、二五日になると、事態は更に悪化したのです。

午前中検温に来た看護師から、

「藤井さんの同テーブルの人が一人発症されたので、濃厚接触者になりました。

これからは、五日間室内のみの生活になります」

と告げられ、二十五日から三十日まで、自室から一歩も出られない生活となりました。時間の使いようがないので、テレビのチャンネルをあちこち廻してみても、お笑い芸人が「御馳走」を食べたり、若者向けのやかましいばかりの音楽を聞かされたりすると、なんとなく腹が立ってきます。刑事物や恋愛物のドラマも、毎日見ているとあきてしまいますが、テレビを消してしまうとあたりは静まりかえっていて、時の経つのがわからなくなるのです。

こっそりドアを開けて、三階の広いガラス戸から下を見下ろしてみると、食事のために大広間に残されている人たちの白髪頭が動きません。眠っているのか起きているのか、食事のために広間に集められて何もできず、「さぞつらいだろう」と思いました。そんな人たちが、約一〇〇人中三〇人近くはいるのです。

いつも広間をぐるぐる廻っていた二～三人の人たちは、どうしているのかと考えました。

「室内のみ」の生活が続く間に、今までは好調だった体調が悪くなってきました。昼間眠ることが多いので、「夜眠れない」、すぐ寝つけていたのが、夜半にトイレに起きると頭が冴えて寝つけない。散歩や体操等が一切できないので足が重く感じる。「このままだと、今に歩けなくなるのでは」と心配になってきました。

一番苦しかったのは三度の食事で、「これだけは食べてください」「お菜は残さずに」とヘルパーさんは言うのですが、食事の質・量共に明らかに低下してきたのです。

こんな時は「温かいうどん」でもすすりたいのに、豚・牛肉のコマ切れいため・豆やひじきの煮物等、のどを通りにくいものばかり。

つい、「まずい」と何回か声に出してしまいました。

この困難な環境で、一〇〇人近い人数をかかえている厨房のことを思えば仕方ないのかも知れませんが、今や三度の食事は、楽しみではなく苦しみになってしまっていたのです。

日々三食の満足が、生活の幸福感を左右しているのを知らされました。

加えて、とても苦しかったのは、同居の友人たちとコミュニケートできないことでした。あきもせずに毎日やっていたトランプ遊びも、下手の横好きが集まってのコーラスも、できなくなるとその効用が明らかになります。

誰とも「話せない」「笑うこともない」一日の空しさが、日を追ってたまってくるようで、顔色も悪くなり、しわも増えたように思えてきます。

ここに三年余生活して、体調もよく、杖なしで歩け、話したり歌ったり、笑ったりして、「皆で終局まで楽しく」と思っていたのが、「アクシデント」一つで、このようにもろく崩れてしまうとは。思いがけないことでした。

いままで老父母の終局まで家族で支えることが、子供世代や妻たちにどれだけ重い荷負をかけてきたか、現在の社会環境の中では無理なことが明らかになりつつあります。

その代替として、増加を続けている企業施設のこれからについて、思いがけない「コロナ」のアクシデントにさらされてしまった三週間余の体験から、老人施設には、設備や資本だけではカバーできない、人間としての「愛情」が必要なことをしみじみと感じました。

「経済優先」の現代社会において、かつては存在した温かい「家族介護」を無理なく、現代社会に再現するのは不可能なのでしょうか？

現在でも地域の中に温かい助け合いのありようを皆で作り、これを自治体のシステムが援助して、高齢者に格差や差別のない終局を保障しているケースが未だ僅少例といえども生まれつつあるのを、最近の報道やレポートで初めて認識するようになりました。

例えば、格差のない、誰にとっても幸せな終局が保障されるには、「心」に裏打ちされた介護が実現できる社会的システム作りに始まって、地域のすみずみにまでそれをゆきわたらせる、人づくりが必要なのだと思います。

「コロナ禍」の三週間余を体験して、血のかよった人間らしいシステム作りが「人生一〇〇年コース」の終点にあるべきだとの思いを、新たにしました。

おわりに

最近、なぜ家族介護に代わる施設介護が台頭してきたのでしょうか。

ここ日本では、総人口の減少が問題化してきました。

第一生命経済研究所の試算によると、二〇二一年の合計特殊出生率は、二〇二〇年より〇・〇五％低い一・二九％、出生数は、四万人減の八〇万人前後と発表されていて、この傾向が続けば、二〇四七年に総人口の一億人割れもあると、悲観的な人口推計を示しています。

そこで、このような社会で、人口の五一％を占める女性の働きをどう生かすかが、これからの日本社会での重要課題の一つとなってきました。

しかし、日本の現状を見ると、「コロナ禍」の下で、飲食・宿泊業などで働いていた女性が多かっただけに、その打撃も大きく、約一〇〇万人の女性が、実質的な失業状態に陥りました。

この波は、当然老人介護にも及び、各種老人施設の休廃業により、家族介護が困難になるケースも出現しました。その結果、働く女性の自殺率の増加や、独り暮らしの老人の孤独死等の悲劇も発生しました。


今、世界の女性活躍の通知表ともいえる「ジェンダーギャップ」指数で、日本は先進国中、最も低い一二〇位に留まっています。

では、どうしたら女性が働きやすい社会的環境を用意できるのか、その一つの課題が、「家族介護」から女性を解放し、継続就労を保障することです。

人生コースでの介護による就労の中断が、女性労働のパート化、低賃金化を招いています。日本の老人介護は、長い年月、家族、それも女性にゆだねられていました。この女性中心の「家族介護」が、今や大きくゆらぎ始めています。

その代替として登場して来たのが、「有料老人施設」です。

その一つであるホテル風の「有料老人ホーム」は、まだ周囲の評価が定まっていません。「私なんかとても高くて入れないわ」「あれは富裕層だけのものよ」と言う声や、「何と言っても家族同居が一番よ」「結局は家族に預けられたんでしょう」「皆、認知症が進んでいる人たちよ」など、好悪の評価が、無責任にとびかっています。

それゆえに、その生活の実体験者の見た現実を伝えておきたいと思ったのです。

「福祉」と「企業の営利」がどこでマッチするのか、時にその「ずれ」を感じたこともありますが、「つれあい」を失った独り暮らしの老人たちが当面する孤独感や繁雑な日常にくらべて、施設の日々にはプラス点が少なくないと感じました。ほぼ同時代を過ごした老人同士の会話は楽しく、苦しかった戦時中の話でも盛り上がるのです。過ぎ去った過去についての記憶は一致しています。互いに個人として自立していますから、「お世話になっている」と卑屈になることはありません。認め合い、尊重できる年寄りの世界です。

心がけが良ければ、「良友」を得ることも可能だし、新しい知識も得られます。

私は、ここに住んで初めて、同年代の女性たちの暮らしの実態や人間関係のあれこれを知る機会を得ました。自分の周辺の女性だけしか知らなかった生活から、同年代女性の結婚のありよう、夫や姑との関係、子育ての苦労などを知らされました。

彼女たちの深いしわ、曲がってしまった腰などが、同年代女性の現実をつきつけています。そして、同時代を生きた体験が互いの認識に役立ち、温かい助け合いの心もわいてきます。

九〇歳前後にもなれば、いくら健康でも日々の生活を独りで支えるのは、次第に困難になります。

一人前の食事も、一日三食となれば、段々に負担になりますから、未だ独り暮らしを続けている友人からは、悲鳴が聞かれます。


ほぼすべての家事労働を肩替わりしてもらい、寒さ暑さは、全館の冷暖房に守られています。これといった不満はありませんが、生活の目標が立てにくく、事務所主導のスケジュールが優先してしまうことや、自由な時間の「ヒマ」を嘆く声もあります。

今、一つ足りないのは、入居者の声を施設の運営に如何に反映して行くかであろうと思います。

何回かの「入居後アンケート」もありますが、これらのデータを通して入居者の「今」を知り、それにこたえる運営をしてほしいと思います。同時に、職員の声も尊重し、働きやすい職場の環境を作っていくことも大切です。

利益を追求する一般企業の福祉施設への参入が進みつつある現在、より良き明日の老人施設の建設を望むには「人間らしさ」を基盤にした温かい思いやりと助け合いの心が、入居者と職員の両者に求められると思いました。

心の伴わない「仕事」は、ロボット介護への道を開くきっかけになってしまうでしょう。

「家族介護」のケースが減少し続けている日本社会において、ホテル風の「有料老人ホーム」をはじめとする企業福祉の健全な発展を期待しています。

二〇二三年八月

藤井治枝

著者紹介

藤井治枝（ふじい・はるえ）

女性問題学者

1929年、東京生まれ。1950年、聖心女子大学（旧制）歴史科卒業。その後、東京教育大学故楫西光速教授に師事。「日本経済史」、「日本産業史」の指導を受ける。1995年「日本型企業社会と女性労働」により、立教大学経済学部より、「経営学博士」の学位を受ける。1966年「朝日ジャーナル論文賞」に入賞。以後、女性に関する問題を中心に、労働・教育・家族・家庭など、幅広く評論活動に従事。同時に、神奈川県横浜市、藤沢市などの「婦人問題懇談会」の理事・座長・会長を務めた。

人生《じんせい》一〇〇年《ひゃくねん》コースを生《い》きる　〈検印省略〉

2023年　9　月　24　日　第　1　刷発行

著　者――藤井　治枝（ふじい・はるえ）
発行者――田賀井　弘毅

発行所――あさ出版パートナーズ
〒171-0022 東京都南池袋 2-47-6 パレス南池袋 302
電　話　03（3983）3227

発　売――株式会社あさ出版
〒171-0022　東京都豊島区南池袋 2-9-9 第一池袋ホワイトビル 6F
電　話　03（3983）3225（販売）
　　　　03（3983）3227（編集）
F A X　03（3983）3226
U R L　http://www.asa21.com/
E-mail　info@asa21.com
印刷・製本　神谷印刷（株）

note　http://note.com/asapublishing/
facebook　http://www.facebook.com/asapublishing
twitter　http://twitter.com/asapublishing

ISBN978-4-86667-636-4 C0095